Bonnie Big is ... boos!

Selma Noort

Tekeningen van Irma Ruifrok

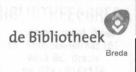

maantjes

Zwijsen

Bonnie Big neemt een bad

Bonnie Big is een knap varken.
Ze is groot, rond en roze.
Ze ziet er deftig uit.
Haar hoeven lijken op hakjes.
Ze heeft ook mooie oren.
Zacht, roze, en puntig.
Op haar snuit ligt een lach.
Bonnie heeft het naar haar zin.
Ze neemt een bad.
Dat doet ze graag.
Lekker buiten in de modder.
Dan gaat ze in de regen staan.
Zo wordt ze weer roze.
Daarna duikt ze in het hoge gras.
Ze ziet hier een rode bloem.
Daar ziet ze een gele bloem.
En een witte en een roze.
Ze rolt op haar rug.
Ze schuift op haar buik.
O, wat ruikt ze nu lekker.

Bonnie ruimt haar stal op.

'Hop sa sa, tra la la!' zingt ze.

Mus komt op het hek zitten.

Boven haar ogen zit een frons.

Zingen is voor een vogel.

Zingen is niets voor een varken.

Dat denkt Mus.

Maar ze zegt het niet.

Ze vraagt: 'Wat doe je?'

Bonnie schuift het stro in een hoek.

'Ik ruim op,' legt ze uit.

'Wat ben je schoon,' merkt Mus op.

'Ik ben in bad geweest.'

'En wat ruik je lekker!'

'Ja, hè?' zegt Bonnie blij.

'Ik ruik als een bloem.'

Kip stapt voorbij.

'Hoi Mus, hoi Bonnie,' groet ze.

'Dag Kip!' zeggen Bonnie en Mus.

'Wat ruik ik hier?' vraagt Kip.

'Een bloem,' legt Mus uit.

'Bonnie is in bad geweest.'

'Ja,' zegt Bonnie.

'En het was reuze fijn!

Dat moeten jullie ook eens doen.
Dan ruiken jullie ook lekker.'

Mus en Kip kijken elkaar aan.
'Nou zeg!' roept Mus.
'Poe-poe, die durft!' zegt Kip.
'Wat denk jij wel, Bonnie.
Wij ruiken al lekker.
Wij ruiken naar mus en kip!'
'Ja, zo is dat!' snauwt Mus.
'O, niet boos zijn!' roept Bonnie.
'Ik bedoel er niets mee, hoor!
Heus niet!'

Een bok in de stal

Er komt bijna ruzie van.
Maar dan komt er iets aan ...
Het is een groot beest.
Zijn poten zijn dun en wit.
Zijn ogen zijn geel.
En hij heeft een sik!
Het beest komt naar Bonnies stal.
Hij stapt zomaar naar binnen toe.
'Bè!' blaat hij.
Net alsof hij iets vies ziet.
Wat wil hij daarmee zeggen?
Het is heus niet vies in de stal.
Bonnie ruikt fris als een bloem.
Mus ruikt naar mus en Kip naar kip.
Hoe durft hij 'bè' te zeggen!
Er is niets bè in de stal.
De stal is schoon.
Het stro ligt in de hoek.
Zo is het maar net!

Het beest loopt naar de hoek.
Hij neemt wat stro in zijn bek.
Dan begint hij te kauwen.
'Smek, smak, smek, smak!'
Hij zegt niet eens iets.
Hij zegt niet eens: 'Dag dames.'
Nee, gewoon niets.
'As-je-me-nou!' tokt Kip.
'Wat zeg je me daarvan?' piept Mus.
'Een beest in je stal, Bonnie!
En hij ruikt niet als een bloem!'
Nou, dat ruikt Bonnie ook wel.
Dat beest stinkt!
Hij stinkt naar bok.
Dat is pas bè!

'Eh, meneer?' zegt Bonnie.
'U staat in mijn stal!'
Bok keert zijn kop om.
Hij kijkt Bonnie aan met zijn gele ogen.
'Nou en?' vraagt hij.
En hij lacht.
Alleen een bok kan zo lachen.
Zijn sik steekt erbij omhoog.
Hij laat zijn gele tanden zien.
'Bè-hè-hè-hè-hè!' lacht hij.

'Ik wil u hier niet,' zegt Bonnie.
'Goed zo, Bonnie,' zegt Mus.
'Ja, Bonnie,' zegt Kip.
'Zeg het maar!
Zomaar een bok in je stal!
Dat kan echt niet!'
'U hoort het,' zegt Bonnie.
'Wilt u nu weggaan?'
Bok kauwt op het stro.
Hij staart Bonnie aan.
'Jij bent lekker roze,' zegt hij.
'Je bent een knap varken.
Je bent een beste, bolle big.
Maar je moet niet zo tutten.
Daar hou ik niet van.'

13

Nou ja, zeg!

'Nou ja, zeg!' roept Mus.
Ze duikt in elkaar van schrik.
'Die heeft lef!' zegt Kip.
Ze trekt haar kop tussen haar veren.
Bonnie is niet meer mooi roze.
Ze is vuurrood.
Rood van haar snoet tot haar staart.
Ze knalt bijna uit elkaar.
Zo boos is ze.
Maar ze blijft een dame.
Ze bijt Bok niet.
'Meneer, u snapt het niet.
Maar ik leg het u uit,' zegt ze.
'Zo hoort het:
U klopt aan.
Ik vraag: "Wie is daar?"
U zegt wie u bent.
Ik zeg: "Kom maar binnen."
U veegt uw poten.
Dan mag u naar binnen.
Ik zeg: "Mooi weer, nietwaar?"
U zegt ook iets leuks.

"Wat ruikt u lekker," of zoiets.
U begint niet meteen te eten.
U wacht tot u iets krijgt.
Zo hoort het.
Snapt u?'
Bok kijkt naar Bonnie.
Hij neemt weer een hap stro.
Hij eet met zijn mond open.
'Wat een kul,' zegt hij.
'Onzin van je snuit tot je krul!
Wat ben jij een rare, roze trul!'

'Wat een hork!' zegt Kip zacht.
'Wat een hark!' zegt Mus.
'Het geeft geen pas!'
'Dit is geen héér!
Hij praat met zijn mond vol!'
'Nou, zag je dat!'
Bonnie is nog steeds erg rood.
'Uch, uch!' hoest ze.
'Gaat het wel?' vraagt Kip.
'Wind je niet op,' sust Mus.
'Uch, uch,' kucht Bonnie.
'Ik kan niet tegen stank.

En dan zijn taal!
Hoe durft hij!'
Bonnie haalt diep adem.
Dan praat ze zacht verder.
'Dames, hij moet hier weg.
Hij weet niet hoe het hoort.
Hij wil het ook niet leren.
Wat moet ik doen?'

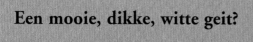

Een mooie, dikke, witte geit?

Bonnie, Mus en Kip staan bij elkaar.
'Psss, wsst, psst,' zeggen ze.
'Nee, pssst, juist wsst,' sist Kip.
'Wat?' roept Bonnie.
'Nee, juist psst, psst, psst.'
Bok kijkt toe met zijn gele ogen.
'Tutjes,' pest hij.
'O, wat deftig!
Ik ruik niet lekker genoeg.
Nou, dan gaan jullie toch weg.
Ga langs de sloot wonen.
Of in de modder op het pad.
Of bij de koe in de poep.
Bè-hè-hè-hè-hè!'
Hij lacht en lacht.
Zijn sik trilt ervan.

Bonnie, Kip en Mus kijken over het hek.
Ze zien eerst het pad.
En dan weer een stal.
Het is de stal van Bella.
Bella is een mooi paard.

De boerin kamt haar elke dag.
Ze poetst haar ook elke dag.
Bella hoeft niet te werken.
De boerin rijdt op haar.
Bella praat nooit met Mus en Kip.
Ze praat ook nooit met Bonnie.
Maar ze knikt wel.
En dat is net zoiets als 'dag' zeggen.
Ze kijkt ook lief.
Ze heeft mooie, bruine ogen.
Bella is altijd schoon.
Schoon, mooi en netjes.
Wat zou Bella vinden van een bok?
Een bok die stinkt en smakt?
Een bok die nare dingen zegt?
'Zien jullie daar die dikke geit?' roept Kip.
'O, dat is een mooie witte!' zegt Mus.
'Dag Geit!' roept Bonnie.
'Kijkt Bok?' vraagt Kip zacht.
Mus en Bonnie knikken.
'Wat zeg je, Geit?' roept Bonnie luid.
'Ga je op bezoek bij Bella?
Wat leuk, zeg!'

Bok springt naar het hek.
'Een mooie, dikke geit?' roept hij.
'Waar?!'
Bok kijkt alle kanten op.
'Ik zie geen geit!' roept hij.
'Waar is ze dan?'
'Bij Bella het paard,' jokt Bonnie.
'Daar is ze op bezoek.'
Bok zegt niet eens gedag.
Niet 'dank je voor het stro'.
Hij springt weg het pad op.
En hij stapt de stal van Bella in!

Dag Bok!

Mus en Kip wachten stil.
Zou hun plan lukken?
'Bella is net zo schoon als ik.'
Bonnie praat zacht tegen Mus en Kip.
'En ze is net zo netjes.
Ze is een dame, echt waar!
Zij wil ook geen bok in haar stal.
En zeker niet een die stinkt.'
Kip lacht en Mus lacht.
'Wat een slim plan van ons!
Bok trapte er meteen in!'
Bonnie lacht ook.
Ineens zijn ze weer stil.
BONK, PATS!
Er vliegt iets over het pad.
Het is wit met gele ogen.
Het heeft vier dunne poten.
Het stinkt.
En het roept: 'AU-AU-AU!'
'Daar gaat hij!' zegt Mus.
'Dat zie je niet vaak.
Een bok die vliegt!'

'Ha, ha, ha,' lacht Kip.
'Hi, hi, hi,' lacht Bonnie.
Bok komt neer op zijn kont.
'Dat heb je ervan,' zegt Kip.
Bella steekt haar hoofd uit haar stal.
'En blijf weg!' roept ze.
'Of je krijgt nog een schop!
Smek-smak-stink-beest!'
Bok gaat staan.
Hij schudt zijn kop.
Dan rent hij weg.
Zo hard hij kan.
Hij rent over de weg het dorp uit.

'Dag dames,' zegt Bella.
Bonnie schrikt ervan.
'Dag Bella,' zegt ze gauw.
'Hallo,' zegt Kip.
'Hoi,' piept Mus.
Bella schudt haar mooie hoofd.
'Zag u dat?
Die bok kwam zomaar in mijn stal.
Hij zocht een geit.
Alsof er een geit bij mij woont!'

Kip en Mus halen hun veren op.
'Nou, hoe komt zo'n bok erbij?'
Bonnie steekt haar snuit door het hek.
'Dat was goed raak!' zegt ze.
'O ja,' zegt Bella.
'Ik ben een raspaard.
Ik ben een dame vol vuur.
En als ik trap ...
trap ik raak!'

Bonnie zit tegen het hek.
Mus en Kip zitten erop.
'Wie boos is ...' zegt Mus.
'En niet sterk ...' zegt Kip.
'Moet slim zijn,' zegt Bonnie.
'Ha, ha, ha, hi, hi, hi,' lachen ze.
Het is een mooie dag.
En ze zitten daar lekker.

Serie 11 • bij kern 11 van Veilig leren lezen

Bonnie Big is ... boos!

Selma Noort en Irma Ruifrok

z☺☺l☺ Zwijsen

Adje en Otje

Joke de Jonge en Juliette de Wit

W☺l☺ Zwijsen

Bietje is weg

Brigitte Minne en Rosemarie de Vos

lij☺☺ Zwijsen

Een fiets voor twee

Rindert Kromhout en Jan Jutte

☺☺i☺☺ Zwijsen

De droom van Maaike

Maria van Eeden en Camila Fialkowski

☺iv☺☺ Zwijsen

Jim en de Joes

Tjibbe Veldkamp en Els van Egeraat

☺v☺n Zwijsen

Hillie de heks

Lieneke Dijkzeul en Gitte Spee

z☺☺l☺ Zwijsen

Kermis in de straat

Annemarie Bon en Gertie Jaquet

W☺l☺ Zwijsen

STICHTING NEDERLANDSE
KINDERJURY
2006

ISBN 90.276.6114.6
NUR 287

Vormgeving: Rob Galema

1e druk 2005

© 2005 Tekst: Selma Noort
Illustraties: Irma Ruifrok
Uitgeverij Zwijsen B.V. Tilburg

Voor België:
Zwijsen-Infoboek, Meerhout
D/2005/1919/379